Paul Gisi
Flammenarme
Liebesgedichte

Books on Demand

Bibliographische Information der Deutschen National-
bibliothek. Die Deutsche Nationalbibliothek verzeichnet
diese Publikation in der deutschen Nationalbibliographie,
detaillierte bibliographische Daten sind im Internet über
http://dnb.dnb.de abrufbar.

© 2023 Autor: Paul Gisi, op. 137
Umschlagbild Ludwig Weibel
Herstellung und Verlag:
BoD – Books on Demand, Norderstedt
ISBN 9783739247816

Paul Gisi

Flammenarme

Liebesgedichte

Inhalt

Liebesgedichte

Vorwort 7

I Sumpfblutauge 9

II Flammenarme 21

III Freiheit Liebeslust trinken 33

IV Mit dir angekommen sein
in der Verlorenheit 45

Vorwort

Kometen, Meteore, Sonnen verwandeln sich in Seesterne, werden Knochenzüngler und Schuppenräuber, Träume des Seins, Annäherungen der Verzweiflung, an Liebeslust, an geheimnisvolle Strömungen des Glücks. Dies zu singen, zu geigen, prachtvoll orchestral ins Schweigen hinein zu entfalten auf Notenlinien menschlicher Zuneigungen. Töne setzen wie Rabenflüge, wie das Lachen eines Südwinds oder eines Fliegenden Fischs.

Das Gedicht benötigt die unendlichen Freiräume der Träume, des cherubinischen Geistes, der wolkenziehenden Inspiration, die Akkorde des Horizonts, die Arpeggios der Liebe, die Barbitursäure des Lebens.

UNSTILLBARE SEHNSUCHT NACH SCHÖNHEIT.

Schönheit anzubeten in einem nackten Körper, im Waldkauzauge, in einem Cellokonzert. Auf dem Atem des Geliebten, der Geliebten in Traumstürmen über Meere der Fantasie in die Ferne segeln, das leistet das Gedicht.

Nie anzukommen, immer unterwegs sein: das sind Gedichtzeilen.

Paul Gisi

I
Sumpfblutauge

«Nie wird sterben, wer Leben
durch die Liebe empfing.»

Hafis

Silberweiss
korallenfischbunt
glockig
Liebe
IM WIND
WELTWENDEND

.

Das Wort
wie eine Glaskugel
klare Vollendung
im Lichtgespinst

.

Schwanweisse Wolken
singen FREIHEIT
und ziehn weiter
in die Ferne
in dir

.

Libellen
durchsirren
wie Piccolotriller
die Binsen

ich träume
von Drachen

•

Ein Delta deine Brüste
kreisschattiges Wolkenlächeln

Wind im Olivenbaum
weltwendend

•

EINSINKEN
IN DIE WELLEN
DEINES ATEMS

•

Die Sonne
verfängt sich
in den Wimpern
der Zitterpalme

die Milchstrasse
wiegt sich hin und her
ein Blütenzweig

•

Traum der Monaden
im verdunkelten Himmel

wir spazieren
unbekümmert weiter
in Einmuth
mit allen Dingen

•

IM SUMPFBLUTAUGE GEDICHTE SCHREIBEN
in deinen Feuerarmen singen
mit dir Rotmundsalmler die ganze Welt küssen

Prodikos von Keos hält
Sonne und Mond Fluss und Quellen
und Simsalabim *alles*
für Götter und Mysterien

mir gefällt sein weises törichtes Schwatzen
so darf ich schweigen
IM SUMPFBLUTAUGE GEDICHTE SCHREIBEN

•

In Châteauneuf-Val-Saint-Donat
dem alten Räubernest
einsam spazieren
Laotse lesen
Armagnac trinken
und dir schreiben
aus meinem Weltmittelpunkt

•

Welt und Mensch
als Schöpfung
des Atman

wir sind alle
Unterwasserlebewesen
im Universumsozean

da lacht der drollige Fadenhopf
mit seinem Liebeslockruf
und fliegt
weit weit fort
in die Mitte des Seins

•

Brennende Imagination
auf der Netzhaut

Gott finden
in der Ruine

•

Im Posthornschneckengehäuse
musizieren Sterne

der alte Dichter
trinkt Brandy
raucht eine Xenophanes`sche Pfeife
und lacht

.

Schiller lesen
Paul Klee betrachten
bei Chopins Regentropfenprélude

.

Wach werden
aufstehn
mit dem Wind
dorthin gehn
wo du bist
MIT DIR SINGEN

.

Dvořáks Cellokonzert
wurzelnd in der Sehnsucht
gipfelnd in der Schönheit

Joseph Roths «Legende vom heiligen Trinker»
lesen

den schwarzglühenden Gesteinsadern folgen

verloren sein

IN KUSSNÄHE
WELT VOLLENDEN

.

Beerentang
im Windstrom
      die Milchstrasse ruht sich aus
      im Schwalbenwurz

die Feuerkoralle
spielt ekstatisch verzückt
Oboe d`amore

         höre
die Zauberpfeife
zur Geisterbeschwörung

         auf der Verlandungszone
      des Universums
trinkt der alte Dichter Wein
raucht eine Anaximandros`sche Pfeife
und lacht

.

Mit dir nackt sein
in den Sommerwinden
in allen Farben und Formen

bei dir sein
in den Dämmerungen

liebeslustumarmt

·

Glühend blühend
im Makrokosmos
das Denken das Fühlen
der Ursprung
DAS SINGEN

Gleichnisbilder
der Quellen der Mündungen

     von Urzeiten her
S E H E N wir uns
in diesem Augenblick

·

Ich suche mit dir
das Lächeln der Wolken
das Lied des Wassernabelkrauts
die Träume des Quastenflossers
und dann lieben wir uns
verirrt verwirrt hin oder her

·

SUMPFBLUTAUGE
SINNBILD URBILD
DER LIEBE

ABSTURZ
VOR S C H Ö N H E I T

INS NICHTS
IN DEN EWIGEN ATEM

•

In allen Farben tanzen
mit der Geisselalge aus dem Tertiär
eine Sinfonie komponieren
mit dem Einbaum
ins Weltall hinein schaukeln

du
wir machen das
du bist es
wenn Auge in Auge stürzt

•

Ich entziffere die Runen
auf deinem Körper
trinke dich wie Rum
hole aus dem Brunnen deiner Träume
den Geist des Seins
lache wie die Mandoline
bewundere die Glasschwämme
in den Weltallmeeren deiner Augen

•

Ich tauche
mit dir ein
in den fernen Gesang

tanzen tanzen
Schönheit anbeten

•

ICH SUCHE VERGESSEN

BEFREIE MICH
MIT DIR

FINDE IN DIR ALLES

•

II
Flammenarme

«Nichts an dir, das mich nicht anzöge
mit unbesiegbarer Liebeskraft.»

Claudio Monteverdi

Wohin mich die Sehnsucht auch zieht
dorthin wo die blaue Blume zu finden ist
ins azursilberne Gespinst der Träume
des Liebesmuschellieds

es sind wurzlige Erinnerungen
in den Flammenarmen der Sonne
ATEMWOGEN
PULSSCHLÄGE
SELBSTERKENNEN

endlich sich befreien
in den geriffelten Auffächerungen
von Lust und Mass
wie Baumwolleflaum
im Vierhimmelrichtungenwind tanzen

zu sagen
J A !

•

Galaxien Tanzschritte der Oboe
im Schatten der Linde am See
Schmerzkunde Ineinandersichten
sommerüber zweier Liebender
im Möwenschrei DU-verschlungen

DUNKLE URSTUNDEN RUFEN DICH AN

sich zu irren vor dem Vergessen befreit
Welt in deiner Hand bleibt

•

Das Weinglas ist der Palast
in dem dein Auge funkelt

     liebesschweissnass trunken
küsse ich deinen Mund
trinke dein Lachen
bin Sterngucker deines Leibs

wir suchen uns in allen Nächten
verlieren uns ohne uns gefunden zu haben

      •

Auf deinen Wangen
Gauklerblumen Yukkamotten
Lyrae-Sterne Geigensoli
     ich brenne mit deinem Herzen
ströme mit dem Atem
zu den Tempeln der Götter
ins Pulsinnere des Geistes
auf die Wipfeln der Lust

     •

Sonnenwein Cepheidenlikör
Mystik des Cognacs
trinken
mit der irren Balalaika tanzen
im wurzligen Raunen des Cellos träumen
NUR DU KANNST DAS VERSTEHN

•

Das Cellokonzert wallt durch die Nacht
in all ihren alten Falten
da hat die Welt gelacht
ob dieser Pracht

dunkles Munkeln eiei
schlich sich geduckt vorbei
nichts war wie ehedem
ich finde das extrem

•

Ich küsse dein Ohrläppchen Geliebter
lade dich ein mit mir zu kommen
wir wollen Moderlieschen besuchen
mit Fichtenzapfen tanzen
mit Philolaos von Kroton
am kosmischen Feuer
Äpfel braten
          uns vor dem grossen Geheimnis verneigen
LACHEN WENN ALLES UNTERGEHT

•

Wenn rochengraue Angst mich verdunkelt
der Atem stockt das Augenlid zittert
die Füsse nicht mehr tragen
suche ich dich

Fischaugen schauen mich an
ich weine
vergesse wer ich bin

•

ICH SAH DICH DEINE SCHÖNHEIT
küsse deinen süssholzkrautigen Körper
wurzle mich in dich ein

Gegenverwandlung geschieht

•

Deine Lippen Meerwellen

Atem singt mit Atem

Bäume stehn wie Glocken da

ich fülle dein Weinglas
wir wollen Rausch Lust Liebe trinken

mit dem Nachtwind uns verirren

•

Aufstehn
fortfliegen ins Kerngehäuse des Geistes
in die Fruchtkapseln des Gesangs
der Hingabe vertrauen
mit dir frei werden in den Herzströmen
HINTER DEM WELTALLSCHLEIER
DER TÄUSCHUNG

•

Mit dir zu versinken ins Glashelle
hinter dem dunklen Fagottton

zwischen den Rippen der Angst
das Lichtdurchschäumte finden

Panflöte spielen
prunklos

kleine Vogelbeere sein
eine Fermate
zitternd schwebend
nachhallend

WARTEN AUF DEN VOGELZUG

•

Irrwinde in deinem Haar
wie Harfengeklirr
tanzend riffelnd

Canopus` Lachen
auf der Zunge
eine Nickende Distel

ein Wolkenschatten zieht vorbei

•

Die Steine am Seeufer
spielen eine Sinfonie

ich salbe deinen Körper
mit Patschuliöl
segle auf deinen geschwellten Lippen
BETE DICH AN

•

Ob es einen Anfang gab
ob es ein Ende geben wird
                ich weiss es nicht

ob die Sterne leben
die Feuer fühlen können
das Licht tanzen
die Blumen weinen
                ich weiss es nicht

•

Ich sehe überall Zusammenhänge
höre Wellen Vögel Fische
fühle Körper Wörter und das Schweigen
singe in der Befreiung singe in der Bedrängnis
singe die Sonne Flammenarme die Verwandlungen
doch ob ich mich *erkenne*
      ich weiss es nicht

•

Bring Wein heran Fremder
auf dass wir uns bald nahe sind
adonisschlanker Flötenspieler
Giftmischer der Sternensubstanzen
Sänger der Piratenbarsche
wir wollen zusammen trinken und scherzen
Gedichte lesen Streichquartette hören
mit dem Marmorzitterrochen lachen
in der Morgenstunde uns als Liebende umarmen
UNS WELTLUST SCHENKEN

•

Winde von Süd und Nord Ost und West
jagen sich in deinem Atem

nachdem ich siebenundsiebzig Himmelsrichtungen
zählte
      entdeckte ich die achtundsiebzigste
      in deiner Hand

•

Deinen Lippen schmeichelt der Frühlingswind
die Sonne geht auf in deinen Augen
komm
wir reichen uns das Weinglas
umarmen uns
lachen
wir legen uns zur Liebe nieder
beten uns an
verlieren uns in uns

•

Eine schwarze Träne der Himmel
Höhlendunkelheit der Schmerz
kein Licht keine Welle kein Wind
atemlos stehn die Bäume da
die Herzen versinken im Nichts

einst war die Stunde
der Anbetung
Pulsschlag des Gesangs
Umarmung der Schönheit

jetzt schreit Verzweiflung
W O B I S T D U ?

•

Wir schenken uns uns selbst
mit Sonnen Wasserrosen Safranfinken
                    flammend umarmt

                          ein Wind flirrt
                          von unbekannt fern
                          im Gespinst zuckender Lust

angekommen
gegensatzvereint
im Horizont

                    •

Sich fallen zu lassen in den Oboentönen der Nacht
aufzuwachen in die weite befreite
Orientierungslosigkeit
Galaxien ein- und ausatmen
vergessen
sich nicht mehr erinnern können
            was die Wellen flüsterten
                  die Winde sangen
                        der Himmel verschwieg
ineinander sich entfalten
                  leise
            sich verlieren sich finden
            in flammenden Armen

                    •

III
Freiheit Liebeslust trinken

«mein verlangen, dich zu sehen
dass du mich ansiehst»

Idea Vilariño

ABSICHTSLOS
SICH SELBST ZU SEIN
IST SCHÖNHEIT
    mirabellenrunde Brüste
    silbernes Sternenglitzern
    tanzirre Muschelkrebse
dies mit dir zu erleben
Freiheit Liebeslust trinken
atemumarmt singen
FEUER SEIN

•

Dunkles Gewölk
wie Bruckners Sinfonien
über den Traumabgründen
        Luftgeister zischeln
        durchs Herzgestrüpp

am Ende gilt es
von vorne zu beginnen

•

Ich bin so närrisch
und trage die Sonne
durch Traumwälder
spiele Boccia mit dem Mond
ziehe als Feuerqualle
von Meer zu Meer

komm
lachen wir zusammen
wie Regentropfen auf der nackten Haut
singen mit dem Wind
mit den Möwen mit den Fischen
im Kristall der Welt

•

Ein Geistseelchen
stieg die Jakobsleiter hinauf
    es war zu hoch
es fiel hinunter

komm zu mir
gesunde bei mir
du musst nichts machen
darfst so sein wie du bist
bleibe bei mir
      ich bleibe immer bei dir

•

Das Weltall ist mein Weinglas
das Meer ein Likörtropfen auf der Zunge

     berauscht sein heisst
     die Welt betrachten wie sie ist

in der Hafenkneipe wars
bei Oliven und gebratnen Auberginen
als wir uns sahen
        und seither
        uns nicht mehr trennen können

              Für Abi
              in Liebe

•

Lusttrunken durchs Weltall stürzen
in die Feuerkugel

        deine weissen weichen Brüste wolkig
dein langer phallischer Blumenstängel
        Glockendoldenhoden
LIEBE LUST EIN ZWEITER URKNALL
von Dämonen von Engeln
        Traumgift
        tropfend aus den Sphären
      Tränenfall an die Herzfelsen tosend

•

Vivaldileicht der Wind
die Begegnung mit dir

        eine Rufweite fern
        versteinert das Wort

wir wissen nicht
ob wir uns noch einmal finden

der Lichterkette
der Täuschungen entlang

•

Wir leben fremd in der Erkenntnis
verlieren uns als ob wir uns fänden
riesengrosse Libellen
durchschneiden das Bewusstsein
der Schatten zu unsern Füssen wächst

mit dir
suche ich
die Farben des Winds die flüchtigen Essenzen
die Erscheinungen
inner- und ausserhalb von allem
dort wo Ende Anfang wird
namenlos mit allen Namen

•

Deine Worte sind wie Dattelwein
sie kommen von weit
aus Wüsten
aus Oasen
von brennenden Horizonten her
werden Feuerbälle
fallen in schwarze Löcher
IN DEN RISSIGEN SCHMERZKERN
DER LIEBE

•

Macht nichts wenn die Welt zerfällt
wenn die Seinszusammenhänge sich auflösen
Triller Akkorde Aperpeggios sich verirren
          in silberglitzerndes Schweigen
wenn die Pyramiden nichts mehr wissen
die Transzendenz sich betrinkt
Capella im Sternbild Fuhrmann Samba tanzt
     du bist bei mir
          Bogengewölbe der Brüste
          bichrom deine Beine
          dein Phallus ein Blitz
sich findend in der Verwandlung
ut supra suggestiv zu singen
obumowar sifucir ewozimaa zalor
Goldtaubbnesselgeistchen schlafend
im Mandolinenbauch
                    wenn
Welt aufersteht
ein Wels durch deine Augen schwimmt
          der Silberreiher der Indigofink
          auf deiner Schulter sitzt
Träume Orgasmen Apokalypsen sich einwurzeln
endoplasmatisch sich umarmen
es ist endlich die Zeit
in sich selbst einzutauchen
     ALLES NICHTWISSEND
          die Grenzen zu bekämpfen
          Einverständnisse zu verweigern
die Genese des Ursprungs der Schizophrenie
des Weltalls
zu begreifen abzulehnen sich einzuverleiben
Nebensätze zu Hauptsätzen befördern
                MACHT NICHTS
          WENN DIE WELT ZERFÄLLT
 D U   F Ä L L S T   I N   M I C H

•

Ich sammle mich inmitten von Sonnen
   Meeren Sinfonien
   Fischen und Wolken
finde mich ganz nah in der Ferne
in Luftwurzeln Ruinen Moosbärten
ich reise zu mir selbst
    verträumt INS LEBEN VERLIEBT
   weintrinkend Pfeife rauchend
    vergesse
     was ich durchdenken wollte
  doch
ich erinnere mich an einen bunten Vogel
der von deinem Herzen aufflog
direkt in mein Herz

•

Ich spaziere mit Hölderlin
Johann Nepomuk Hummel und Salomo
in der Dolde des Wassernabelkrauts
im Auge der Königin von Saba

  IRRGELB
  DAS TRAUMGESICHT

deine Lippen brennen
dein Lächeln kühlt wie ein Sommerregen

ich habe gewählt
dich

•

Der Nachtgesang
auf der Zunge des Weltalls
          SINGVOGELLIED
                    FÜR DICH
im schweigenden Gebet
des Hymnus an die Schönheit

          die Mönchsgrasmücke
          in deinen Augen
          feiert Liebe

und ich finde nicht mehr nach Haus

•

Auf dich mich zuzubewegen
obwohl ich nicht weiss wo du bist
          mich fallen zu lassen
          in den brennenden Schatten
          er könnte ja
          von dir sein

im Echogewölbe
Wind auf der Zunge spüren

                    doch
          wie fremd die Nähe!

          der Gesang
                    ach
          düster giftig rachitisch

KÜSSEN WIR UNS WUND
GESUND

•

Im Algenwald der Lust
tanzt das Plankton *Mensch*
        glückbeseligt irr
        ohne jeden Sinn

   Milchstrassenmusik
   wellt ans Herz

ich weiss nicht
wer du bist
ich will dich fest festhalten
in allen Dingen in den Träumen
in den Flüssen in den Sonnen
will dich D U in mir
S I N G E N

•

Worte wie rotgelbe Ameisen
im Schlafbau der Sterne
über weit geschwungne Lippen wandernd
        durch den Willen des Zufalls

die Seele ist Urkörper Feuer
in den Verwandlungen des Seins des Nichts
IM GEISSBLATTDUFT DER NACHT

in den irren Stürmen
der Weltgeschichte

SCHAU
VOR DIR LIEGT ALLES

•

Gott eine Reliktenflora
in der Erinnerungslosigkeit
der Nacht

das Violinspiel
trägt das Universum

wir versinken in uns
rettungsfern

DAS LID FÄLLT

•

Ich höre dich atmen im Wind
in den Tanzschritten der Seewellen
höre
wie deine Zunge
über die Lippen streicht
sehe
deine Brust sich heben
sich senken
deine Augenlider
wie einfallende Dämmerung
fallen

du zwei drei Schritte
hinter die Täuschung machst
wie Vergessen und Erinnern
sich finden im Blutstropfen der Sonne
unsicher
sich umarmend
Lust und Geist einübend

MIT DIR EINSCHLAFEN AUFWACHEN
IM ATEM DES WINDS

•

IV
Mit dir angekommen sein
in der Verlorenheit

«Liebe komm lieb mich
schonungslos»

Rose Ausländer

Honigweinsüss
deine Stimme

      fern
    lauern Dämonen

MIT DIR ANGEKOMMENSEIN
IN DER VERLORENHEIT

das Weltall
eine Kieferfraktur Gottes
        unverständlich sein Sprechen

komm
in die flammenden Arme
ins heilende Schweigen hinein

      •

Zeit und Raum
Erinnern und Vergessen
      SANDKÖRNER
      IN DER HAND

dunkles Gift
im Ictus apoplecticus
wir entrinnen uns
uns nicht
      fallen fallen
    liebeslustumschlungen
ichwärts dubrennend
        ins Nichts

      •

Zu versinken
im Aufsteigen der Sonne
zurückzukehren
in die Ferne in dir
zu lächeln im Wind
Licht einatmen
die Blume schützen
den Schritt
in den Sturm wagen

JA ZUM LEBEN SAGEN

•

Mir wars
als würde die Erde
zu brennen beginnen
würden die Ozeane verdampfen
die letzten Wälder wie Fackeln verglühn

    Wirklichkeit vergisst
    was sie ist

      doch sieh
noch tanzt ein Laubblatt im Wind
singt ein Schilfrohrsänger seine Geheimnisse

        segle ich auf deinem Atem
      hinter die Grenzen
INS UNERMESSLICHE
      im mystischen Gesang
      der Kakteenblüten

•

Das Universum ist eine Höhle
ohne Ausgang
    Lichtstürze
        Blutstauungen
            Verwesung

ICH LACHE
rette mich
in den Traum
in die Philosophie
springe in Krater der Lust
trinke Alkaloide der Bittersüssen Nachtschatten
und erkläre das Universum
als nichtexistent

•

Welche Überraschung
auf dem Quai St-Michel in Paris
Nikos Kazantzakis
Louize Labés Liebesgedichte rezitierend
zu treffen
vor den Träumen ratlos zu bleiben
sich zu erinnern dass es ein Nichtwissen gibt

        sandig raukig kratzbeerig
     Worte instabile Elementarteilchen
     hinter den Schlaf zu retten

ich finde mich verloren
in der Ortlosigkeit
schaue um mich
und sehe dich nicht

•

Wie eine Maoriholzschnitzerei
mit Vogelköpfen
diese Nacht

fern
dunkeldrohende Wolken Borodins

•

Wir stürzen ineinander
lustinlustbebend
umkörpern uns
mit Flammenzungen der Liebe
des schöpfungstrunknen Geists

wir stürzen ineinander
Sonnen Kometen Orchideen
Pyramiden Oboen Teufelsrochen
Moleküle Elegien Welten der Ideen
alles stürzt ineinander
im mystischen Brand des Seins

•

Nachweis:

«*Sumpfblutauge*», Kapitel 1 dieser Publikation, erschien 2023 auch als Separatum in einer Auflage von 25 Exemplaren in der Edition Lucrezia Borgia.

Paul Gisi, Lyriker, trinkt gern Wein, liebt die Liebe und die Träume, liebt das Leben, liebt klassische Musik und Belcanto, liebt das Denken («tagsüber, nachtsüber – tagsunter, nachtsunter»), liebt die Freiheit, liebt Tuschbilder des Zen-Meisters Sengai und van Gogh, liebt Gedichte von Mörike, liebt Mozart und raucht gern Aristophanes`sche und Xenophanes`sche Pfeifen.

1949 in Basel geboren, Schulen in Basel, Primarlehrerpatent in Zug, einige Jahre Schulpraxis, Aufenthalte in Südfrankreich, Korrektor in der Ostschweiz, eine Vielzahl an Publikationen, hauptsächlich Lyrik, aber auch Kurzprosa, Sätze und Briefe, erhielt wenige Preise, lebt in Rorschach am Bodensee.

Homepage: www.zackenbarsch.ch
E-Mail-Adresse: zackenbarsch.gisi@gmail.com